글쓴이 | **한정기**

1996년 부산일보 신춘문예에 동화로 등단하면서 동화작가의 길을 걷기 시작했습니다. 2006년 한국극지연구소 Pole to Pole Korea 남극 연구 체험단에 선정되어 남극에 있는 세종 기지를 다녀왔으며, 2007년에는 한국해양연구원 열대해양 체험단에 선정되어 미크로네시아의 한·남태평양해양연구센터에 다녀왔습니다. 쓴 책으로는 제11회 황금도깨비상 수상작 『플루토 비밀 결사대』 외에 그림책 『남극에서 온 편지』, 장편 동화 『큰아버지의 봄』, 『멧돼지를 잡아라』 그리고 청소년 소설 『나는 브라질로 간다』 등이 있습니다.

그린이 | **서영아**

한국예술종합학교 미술원을 졸업하고 단행본 작업과 개인 작업을 함께합니다. 『마주 보는 세계사 교실 2』, 『마주 보는 한국사 교실 1』, 『김정호』, 『제인 구달』, 『내가 가게를 만든다면?』, 『해리엇』 등에 그림을 그렸습니다.

감수자 | **박흥식**

1965년 서울에서 태어나, 인하대학교 해양학과를 졸업하고 같은 대학원에서 해양생물학 박사 학위를 받았습니다. 1991년부터 지금까지 한국해양과학기술원에서 근무하며 해양생태학 분야를 연구하고 있습니다. 한·남태평양해양연구센터장을 역임했으며, 열대해양 관련 국제 기구(ICRI, GCRMN) 연락관으로도 활동했습니다. 그동안 지은 책으로는 『재미있는 바다 이야기』, 『한국해양생물 사진도감』 등 10여 권이 있습니다.

**안녕, 여긴 열대 바다야** 한정기 글 · 서영아 그림 · 박흥식 감수

1판 1쇄 펴냄 2010년 7월 14일, 1판 6쇄 펴냄 2021년 7월 29일

펴낸이 박상희 편집주간 박지은 편집 김서윤 디자인 이지선 펴낸곳 (주)비룡소 출판등록 1994.3.17.(제16-849호)
주소 06027 서울시 강남구 도산대로1길 62 강남출판문화센터 4층
전화 영업 02)515-2000 팩스 02)515-2007 편집 02)3443-4318,9 홈페이지 www.bir.co.kr
제품명 어린이용 각양장 도서 제조자명 (주)비룡소 제조국명 대한민국 사용연령 3세 이상

© 한정기, 서영아, 2010. Printed in Seoul, Korea.

ISBN 978-89-491-8241-4 74980 / ISBN 978-89-491-8211-7(세트)

# 안녕, 여긴 열대 바다야

해양 체험단 삼총사, 남태평양으로 가다

한정기 글 · 서영아 그림 · 박흥식 감수

비룡소

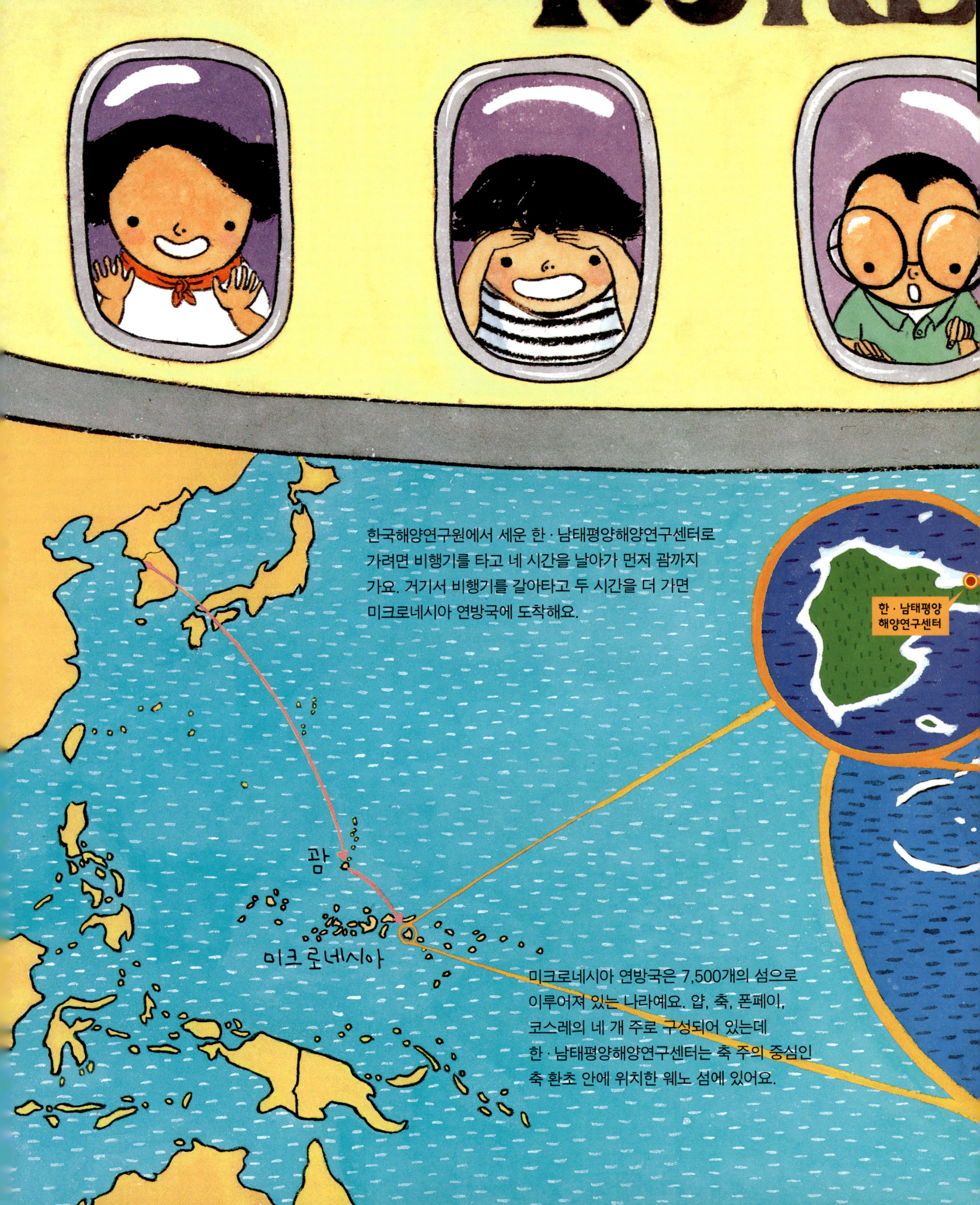

이 흰색 띠는 축을 둘러싸고 있는 축 환초예요. 그 길이가 224킬로미터나 되지요.

**안녕,** 민서야! 지금 여기가 어디냐면 저 멀리 남태평양으로 가는 비행기 안이야. 저번에 내가 얘기했지? 어린이 열대 해양 체험단에 뽑혀서 한·남태평양 해양연구센터에 가게 되었다고. 너랑 함께 가지 못해 아쉽지만 대신 내가 체험한 걸 하나도 빠트리지 않고 생생하게 알려 줄게. 짜잔! 기대하시라!

함께 가는 태양이와 푸름이는 남자애들이야. 우리를 안내해 주시는 분은 바다 생물을 연구하는 박사님이야. 박사님은 우리 셋을 해양 체험단 삼총사라고 부르셔.

체험단 삼총사는 다르면서도 같아. 나는 뭐든지 보고 들은 걸 꼼꼼하게 적어 두는 기록쟁이야. 푸름이는 물고기에 대해선 모르는 게 없는 물고기 박사고. 태양이는 머리는 좋은 것 같은데 뭐든 잘 흘리고 다녀서 내가 덜렁이라고 불러. 그럼 우리 셋의 공통점은? 바다를 좋아하고 호기심이 많은 어린이라는 거지!

앗, 창밖을 보니 흰 구름 사이로 초록빛 바다와 섬들이 보여. 야호! 우리는 이제 열대 바다에 온 거야.

우리가 타고 간 비행기

비행기에서 내리자 헉! 너무 더워 숨이 막힐 것 같았어. 주위를 둘러보니 키 큰 야자나무, 우리와 비슷하게 생겼지만 피부색이 더 검은 사람들. 열대 지방에 온 느낌이 팍팍 들더라고.

"와! 달걀을 깨면 달걀 프라이가 되겠다."

태양이는 가방도 들지 않은 채 새로운 풍경을 구경하느라 정신이 없어.

"태양아, 가방은?"

"아차! 비행기에 두고 내렸네!"

어휴, 태양이는 정말 못 말리는 덜렁이지?

공항 밖으로 나오니 연구센터에서 우리를 마중 나온 사람들이 꽃목걸이를 걸어 주었어. 우리가 마치 연예인이 된 것 같던걸, 헤헤.

지프차를 타고 덜컹거리는 길을 한참 달려 드디어 한·남태평양해양연구센터에 도착했어. 바로 앞은 초록빛 바다야. 작은 배들이 여기저기 떠다니고 잔디가 푹신한 마당에는 키 큰 야자나무도 서 있어.

꽃목걸이

1층에는 연구실과 사무실, 식당이 있고 숙소는 2층에 있어요. 보통 한두 명, 많을 때는 대여섯 명의 연구원들이 두세 달씩 머물며 연구를 해요.

연구 활동 이외에 장비를 수리하고 관리하는 일은 웨노 섬의 원주민들이 맡아요. 연구센터가 일자리를 만들어 준 덕분에 연구원들과 원주민들이 더욱 가깝게 지낼 수 있어요.

친환경적 에너지인 바이오디젤을 생산하기 위해 미세한 조류를 채집해요.

처음 연구센터를 지을 때는 미크로네시아 사람들이 잘 도와주지 않아서 일하기가 무척 힘들었대. 하지만 연구센터 덕분에 원주민에게 새 일터도 생기게 되었고, 연구센터에서 공들여 개발한 연구 결과나 기술을 미크로네시아 과학자들에게 아낌없이 나눠 줘서 지금은 서로 믿고 돕는 친구 사이가 되었대.

박사님이 설명하시는데 푸름이가 태양이를 보며 킥킥 웃는 거야. 맙소사! 태양이가 인사를 하는 것처럼 꾸벅꾸벅 졸고 있더라고. 나도 모르게 웃음이 터져 나오려는데 박사님이 말씀하셨어.

"내일은 바다에 나가서 스노클링을 할 거예요. 스노클링이란 간단한 장비를 가지고 얕은 바다에 잠수하는 거랍니다."

태양이는 언제 졸았느냐는 듯 눈을 반짝이며 손뼉까지 치지 뭐야. 박사님이 놀리니까 졸면서도 얘기는 다 듣고 있었다나 뭐라나. 암튼 정말 재밌는 친구야.

"기다려라, 열대 바다! 내일 드디어 해양 체험단 삼총사가 너를 만나러 간다!"

민서야, 너도 기대되지?

— 축에서 첫째 날에, 소라가

열대바다 내가간다~

**오늘은** 점심을 먹고 바다로 출발했어. 배를 타고 한참을 달리니 바다에 나무가 빽빽하게 서 있는 거야. 맹그로브 숲이었어. 마치 나무로 이루어진 섬처럼 보이는 맹그로브도 군데군데 있었어. 우리는 배에서 내려 맹그로브 숲으로 다가갔어. 바닷물은 무릎에 찰랑찰랑, 진흙 바닥은 물컹물컹.

"우아! 저 뿌리 좀 봐! 고무호스 같아. 으아앗!"

태양이가 첨벙첨벙 달려가다 그만 철퍼덕 넘어졌어.

"맹그로브 잎을 따서 혀에 대어 보세요. 그리고 맹그로브 씨도 찾아보세요."

"아유, 짜!"

"여기 있어요! 이거 맹그로브 씨 맞죠?"

짠 바닷물에서도 잘 자라다니! 맹그로브는 정말 신기한 나무야.

"열대 지방은 하루에도 몇 번씩 소나기가 쏟아져서 흙탕물이 그대로 바다로 흘러들지요. 맹그로브는 흙탕물을 깨끗하게 걸러 줘 산호가 건강하게 자랄 수 있게 해요. 열대 바다의 맹그로브 숲은 산호초의 수호천사랍니다."

박사님의 설명을 들으니 맹그로브가 더 특별하게 보였어. 맹그로브야, 고마워!

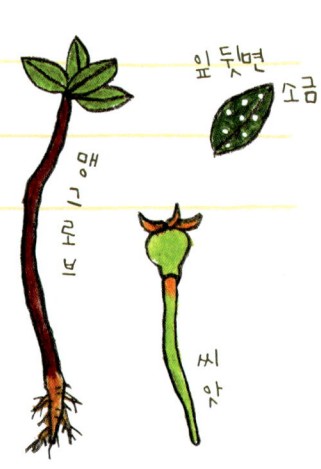

스노클을 사용하면 얼굴을 물속에
담가도 숨을 쉴 수 있어요.

오리발을 신고 다리를 위아래로
흔들면 돌고래처럼 앞으로
쑥쑥 나갈 수 있어요.

맹그로브게

잘피는 바닷속에서 자라며 꽃을 피우는 식물이에요.
얕은 모래펄을 따라 수백 미터씩 형성된 잘피 밭은
맹그로브 숲이 거른 흙탕물을 한 번 더 깨끗하게 걸러 내요.
잘피 밭은 맹그로브 숲 못지않은 산호 지킴이랍니다.

동그란 공 모양의
불가사리도 있어요.

맹그로브 숲 탐사를 마치고 박사님은 얕은 모래펄에 있는 잘피 밭으로 우리를 데려가셨어.

"자, 여기서 스노클링을 해 볼까요?"

"야호!"

우리는 신이 나서 바다에 뛰어들었어. 먼저 마스크를 쓴 채 수면에 얼굴을 대고 발밑과 물의 깊이를 살피면서 천천히 걸었단다. 다음에는 스노클을 입에 물고 숨 쉬는 연습을 했어. 배를 끌어당기며 마지막까지 길게 숨을 내뱉어야 해. 나는 스노클에 물이 들어온 걸 잘 빼지 못해 몇 번이나 물을 먹었지 뭐야. 바닷물이 따뜻해서 물속에 오래 있어도 하나도 춥지 않았어.

"이제 스노클로 숨 쉬는 게 익숙해졌으면 얼굴을 수면에 대고 몸의 힘을 빼 보세요."

박사님이 시키는 대로 하니 몸이 두둥실 떴어. 태양이는 온 몸에 힘을 빼고 문어처럼 흐느적흐느적, 나는 해파리처럼 둥둥, 푸름이는 두 팔을 뻗고 발을 힘차게 차서 오징어처럼 쑥쑥 나갔어.

"정말 잘했어요. 이제 마지막으로 발차기 연습을 해 봅시다. 모두 오리발을 신어요."

오리발을 신고 발차기를 하니 마치 돌고래처럼 앞으로 쑥쑥 나아갔어. 민서야, 너도 나중에 꼭 해 봐. 엄청 재미있다니까.

- 축에서 둘째 날에, 소라가

마스크를 쓰면 물속에서도 환하게 잘 볼 수 있어요.

해마

스노클
마스크
오리발

드디어 산호를 보러 가는 날이야. 우리는 아침을 먹은 뒤 보트를 타고 사람이 살지 않는 조그만 섬으로 갔단다. 바닷물이 깨끗해서 물속이 환하게 보였어. 눈부시게 하얀 모래는 산호가 죽어서 만들어진 거래.

"하나, 둘! 하나, 둘!"

우리는 준비 운동을 하고 바다에 들어갔어.

"여기 산호가 있어!"

푸름이가 태양이와 나를 불렀어. 산호는 마치 식물처럼 보이는데 식물이 아니고 동물이래. 오리발 같은 게 산호에 닿으면 산호가 잘 부서지기 때문에 조심해야 해. 작은 물고기들이 무리를 지어 산호초 사이를 헤엄치고 있다가 재빨리 흩어졌어. 꽃처럼 화려한 촉수를 펼친 말미잘도 보였어.

"저기 좀 봐! 영화 『니모를 찾아서』에 나오는 흰동가리야!"

물고기 박사 푸름이가 산호 사이를 가리켰어.

"우아! 정말 예쁘다!"

가까이 다가갔더니 흰동가리는 휙 달아나 버렸어.

'아이, 아쉬워! 니모야, 큰 물고기한테 잡아먹히지 말고 친구들이랑 행복하게 잘 살아!'

나는 마음속으로 빌었어.

산호초처럼 아름답고 신기한 세상은 처음이었어. 마치 내가 꿈을 꾸는 것 같았다니까!

흰동가리

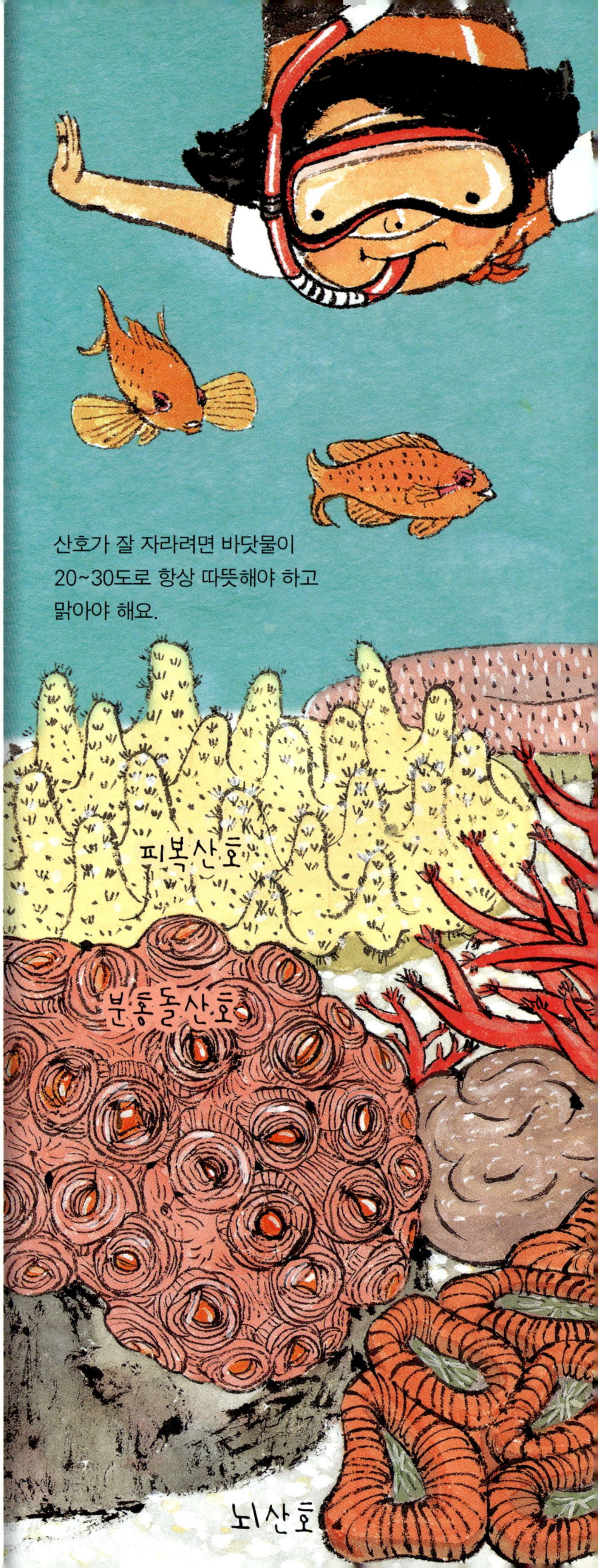

산호가 잘 자라려면 바닷물이 20~30도로 항상 따뜻해야 하고 맑아야 해요.

피복산호

분홍돌산호

뇌산호

산호는 꽃처럼 보이는 촉수 끝의 독침으로 물고기를 마비시켜서 잡아먹어요.
삼킨 먹이는 위에서 녹여 영양분을 흡수하고 찌꺼기는 다시 입을 통해 내뱉어요.

산호초는 수많은 작은 산호들이 모여 이루어져요. 산호가 죽으면 단단한 뼈만 남는데 그 위에 다시 새로운 산호가 붙어 자라면서 점점 거대한 산호초를 만들게 되지요.

산호는 참 고마운 존재예요. 산호 몸속에는 산소를 만드는 플랑크톤이 함께 살고 있어서 지구에 산소를 공급해 주거든요. 또 사람들은 산호초에 사는 물고기를 잡고 아름다운 산호로 장신구를 만들어요.

능성어

연산호

해면

갯민숭달팽이

우리는 산호초 세상에 푹 빠져서 시간이 가는 줄도 몰랐어. 박사님이 연구센터로 돌아가야 된다고 하셨을 때는 조금만 더 있다 가겠다고 떼를 쓰고 싶을 정도였단다.

"오늘 관찰한 산호에 대해 연구센터에 가서 자세히 공부해 봅시다. 여러분이 보지 못한 깊은 바닷속 모습도 사진으로 구경할 거예요. 그리고 여러분, 배 안 고파요? 점심때가 벌써 지났는데."

그러고 보니 배가 무지 고팠어. 산호초에서 스노클링 하느라 배고픈 것도 잊고 있었지 뭐야.

"배에서 꼬르륵꼬르륵 밥 달라고 난리가 났어요."

태양이가 엄살을 부렸어.

"저는 점심 안 먹고 스노클링 더 하고 싶어요."

푸름이는 아예 물에서 안 나오겠다지 뭐야. 배고프지도 않나 봐.

"하하, 물속에 너무 오래 있으면 건강에도 해로워요. 배고플 테니 우선 간식을 먼저 먹어요."

산호가 차곡차곡 쌓여 점점 커져 가요.

우리는 준비해 간 과일과 과자를 먹은 뒤 배를 타고 연구센터로 돌아왔단다. 점심을 먹은 다음 우리는 연구실에 모여 산호초에 대해 공부했어. 작은 산호가 모이고 모여서 거대한 산호초를 이룬다니! 산호초의 세계는 알면 알수록 신기해.

### 거초
열대 바다의 섬이나 대륙 주변의 얕은 바닷가에서 발달한 산호초

### 보초
섬이나 대륙이 가라앉은 다음 거초가 계속 자라나 육지에서 떨어지게 된 산호초

### 환초
열대 바다의 화산섬 주변에 자란 산호초가 화산섬이 물속에 가라앉은 후에도 계속 자라서 고리 모양으로 남은 산호초

축 환초는 세계에서 가장 큰 환초래!

"우리의 소중한 친구, 산호를 보호할 수 있는 방법을 생각해 볼까요?"
산호에 대한 설명을 끝내며 박사님이 우리를 보고 물으셨어.
"길가에 버려진 쓰레기를 주워서 쓰레기통에 버리겠어요. 사람들이 함부로 버린 쓰레기는 빗물에 씻겨 바다로 모여드니까요."
"가까운 거리는 자전거를 타거나 걸어 다니겠어요. 지구 온난화를 막으려면 에너지를 절약해야 하잖아요." 
"환경을 가꾸고 보호하는 방법을 다른 친구들과 함께 의논하는 것도 좋을 것 같아요."
우리는 앞다투어 대답했어.
"그래요. 가장 중요한 것은 행동으로 옮기는 거랍니다. 실천하지 않는 생각은 아무리 훌륭해도 소용없겠지요."

오염된 물, 화학 물질, 기름이 흘러 들어간 바다에서는 산호가 살 수 없어요.

지구 온난화로 빙하가 녹으면 해수면이 높아지고 폭풍이 불 때 큰 파도가 생겨나 산호초를 파괴해요.

"저는 벌써부터 실천하고 있는걸요. 이거 보세요. 연구 센터 마당에서 주웠어요."

태양이가 주머니에서 과자 봉지를 꺼내 흔들었어. 뭔가 좀 수상해! 아까 쉴 때 태양이가 과자를 먹는 것 같았거든.

"그 과자 봉지 네가 버린 거 아냐?"

"내가 버린 걸 내가 주우면 그것도 환경 보호잖아."

아휴! 저런 엉터리. 민서야, 태양이는 정말 못 말리는 친구지?

— 축에서 셋째 날에, 소라가

죽어 버린 산호들은 하얗게 변해 버려요. 이것을 '백화 현상'이라고 해요.

민서야, 오늘은 연구센터에서 키우고 있는 보석을 관찰했어. 보석을 어떻게 키우냐고? 하하하, 바로 조개에서 진주를 키우는 거야! 박사님이 진주조개를 벌려서 살 속에 자라고 있는 흑진주를 보여 주셨어.

"우아!"

푸르스름한 검은빛이 도는 흑진주는 정말 예뻤어.

"자연적으로 만들어지는 진주는 아주 드물어요. 양식 기술이 발달하면서 사람이 진주를 만들 수 있게 되었답니다. 바로 진주조개 속에 핵이라는 이물질을 집어넣는 거지요. 사람이 키워 내는 진주를 양식 진주라고 해요."

우리도 직접 핵을 넣어 보기로 했어. 조개 안에 아무 곳에나 핵을 넣으면 조개가 죽어 버릴 수도 있기 때문에 조심 또 조심해야 했지.

"조개가 너무 아플 것 같아요. 전 못 하겠어요."

푸름이는 고개를 저었어. 정말 마음씨가 고운 친구 같지? 나도 조개에게 속삭였단다.

"아프게 해서 미안해, 조개야. 핵을 잘 품어서 예쁜 흑진주를 만들어 줘!"

정신 집중!
핵은 민물조개를 둥글게 갈아서 만든 거예요.

저녁을 먹고 방에서 탐사 일지를 적고 있을 때였어.

"모두 마당으로 내려오세요."

박사님이 재미있는 걸 보여 준다는 말씀에 우리는 우당탕탕 달려 나갔어. 박사님은 손전등과 채집망을 들고 마당가의 바다로 우리를 데려갔어. 박사님이 바다에 손전등을 비추고 조금 있으니 반짝이는 것들이 모여들기 시작했어.

"이야! 저게 뭐에요?"

"야광 생물이다!"

태양이와 푸름이가 소리를 질렀어. 나는 너무 신기해 숨도 크게 쉴 수가 없었단다. 박사님이 채집망으로 반짝이는 것을 떠냈어.

"이건 동물 플랑크톤이에요. 현미경으로 여러 가지 플랑크톤을 관찰해 볼까요?"

현미경으로 살펴본 플랑크톤은 모양이 무척 다양했어. 외계인처럼 생긴 플랑크톤, 긴 띠처럼 생긴 플랑크톤, 별처럼 생긴 플랑크톤……. 민서야, 너도 직접 봤으면 눈이 휘둥그레졌을 거야!

- 축에서 넷째 날에, 소라가

식물 플랑크톤

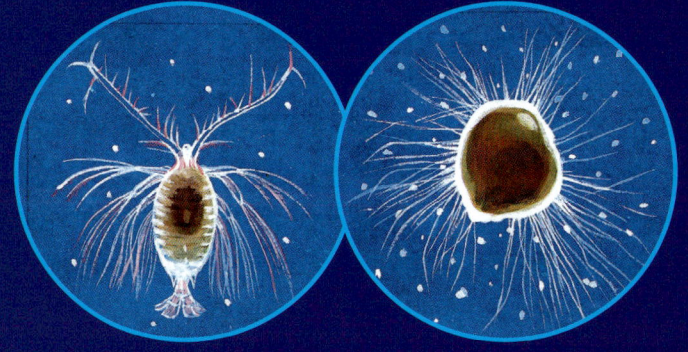

동물 플랑크톤

플랑크톤은 크기가 너무 작아서
헤엄을 치기보다는 바닷물이 흐르는 대로
따라서 떠도는 작은 바다 생물을 말해요.
우리 눈으로 잘 볼 수 없지만
바다에는 엄청나게 많은
플랑크톤이 있어요.

식물 플랑크톤은
동물 플랑크톤의 먹이가 되고
동물 플랑크톤은 물고기의 먹이가
돼요. 육지 생태계의 뿌리가
식물이라면 바다 생태계의 뿌리는
식물 플랑크톤이에요.

플랑크톤은
현미경으로 관찰!

축에는 지역마다 부족장이 있어요. 다른 지역 사람이 지나가려면 부족장의 허락을 받아야 해요.

원주민의 집 안은 여러 방으로 나뉘어 있지 않아요. 큰 방 하나에 온 가족이 모여 살지요.

**오늘은** 아침을 먹고 연구센터 뒷산에 있는 등대에 올라갔단다. 그곳을 지나가려면 부족장의 허락을 받아야 한대.

"어? 박사님, 저, 저건 뭐예요?"

푸름이가 원주민들이 사는 집 앞 마당에 있는 커다란 쇳덩어리를 보고 물었어.

"일본군이 만들었던 대포예요. 여긴 제2차 세계 대전 때 일본군 해군 기지가 있는 곳이었어요. 지금도 섬 곳곳에 그 흔적이 남아 있지요. 바닷속에는 군함과 탱크도 가라앉아 있어요."

박사님은 그때 우리나라 사람들이 이곳까지 끌려와서 강제로 일했다고 얘기해 주셨어.

땀을 흘리며 등대에 오르니 울창한 밀림 너머로 푸른 바다가 나타났어.

"우와 시원해!"

점점이 흩어진 섬과 흰 구름을 보니 가슴이 탁 트였어. 우리를 안내한 원주민이 야자나무에 올라가서 야자열매를 따 왔어. 금방 딴 야자열매는 신선하고 달콤해서 더위가 싹 가시는 것 같았어.

"이야! 정말 맛있어요!"

태양이와 푸름이는 두 개나 마셨단다. 민서 너한테도 하나 보내 주고 싶었어.

 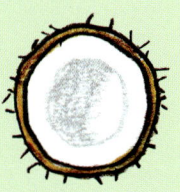

맛있는 야자열매~

축은 학교도 시장도 규모가 크지 않고 아담해요.

등대에 다녀와 오후에는 시내에 있는 축의 초등학교에 갔어.

"축 어린이들은 학원도 다니지 않고 과외 같은 것도 하지 않아요. 뿐만 아니라 대학에 가서 수업을 모두 들으면 오히려 나라에서 돈을 주지요."

"우아! 정말 좋겠다! 박사님, 저도 여기서 공부하면 안 될까요?"

어휴, 정말 뚱딴지같은 태양이! 태양이 때문에 모두 와하하 웃었단다.

우리는 축 아이들과 어울려 공놀이도 했어. 처음엔 어색했는데 함께 놀다 보니 금방 친구가 되었어. 축의 친구들은 장난감이나 놀이 시설이 없는 대신 바닷가에서 수영도 하고 자연 속에서 자유롭게 논대. 축의 친구들은 우리한테 예쁜 조개껍질을 선물로 주고 우리는 준비해 간 학용품을 선물했어.

학교를 구경한 다음 시장으로 갔어. 시장은 아주 작고 물건도 몇 가지밖에 없었어. 마을 사람들이 과일, 야자열매, 생선 등을 길가에 펴 놓고 파는 게 전부였어. 나는 예쁜 꽃목걸이를 사서 머리에 썼어.

"박사님, 저건 뭐예요?"

바나나 잎으로 싸 놓은 도시락 같은 걸 보고 내가 물었어.

"저건 맹그로브 숲에 사는 맹그로브게랍니다. 집게발로 물지 못하게 저렇게 꽁꽁 싸매 놓고 팔지요. 맹그로브게를 몇 마리 사서 오늘 저녁에는 게 요리를 먹어 볼까요?"

우리 식탁에 오를 맹그로브게

"와! 신난다! 박사님, 제가 직접 사 보면 안 될까요?"

어휴, 태양이는 축 말도 모르면서 또 덜렁대며 나서더니 주인한테 인사만 꾸벅했지 뭐야.

오늘 저녁은 무척 기대가 됐어. 맹그로브게뿐만 아니라 원주민들의 음식을 맛보기로 했거든. 우리가 먹은 건 고구마와 비슷한 타로 뿌리를 갈아서 만든 떡이었어. 주황, 빨강, 노랑의 알록달록 고운 떡은 달콤하며 쫀득쫀득했어. 원주민들은 지금은 쌀로 만든 밥을 주로 먹는데 옛날에는 빵나무 열매나 타로 뿌리를 먹었대. 타로는 줄기와 잎이 우리나라의 토란처럼 생긴 식물인데 크기가 토란보다 훨씬 더 크대.

저녁을 냠냠 맛있게 먹고 있는데 어디선가 "꽥꽥꽥꽥" 소리가 들리지 뭐야.

"엉, 이게 무슨 소리야?"

우리는 모두 눈이 동그래졌어.

"하하하하, 게코가 나타났네요. 체험단 삼총사는 아직 게코를 보지 못했군요?"

뒤를 돌아보니 작은 도마뱀 같은 것이 벽에 붙어 있는 거야. 게코라는 동물인데 벽을 타고 다니며 작은 곤충을 잡아먹는대. 연구센터 마당에는 작은 장지뱀들이 쪼르르 다니는 모습도 볼 수 있었어. 처음에는 깜짝 놀랐는데 장지뱀이 더 놀라 도망가는 걸 보니 미안하기도 하던걸. 또 잔디밭에는 주먹만 한 구멍이 쏭쏭 뚫려 있는데 땅게가 파 놓은 구멍이래. 땅게는 밤에만 움직이기 때문에 한 번도 구경하지 못했어.

축에서는 힘들게 농사를 지을 필요가 없어요. 타로와 빵나무가 여기저기서 저절로 자라니까요.

게코는 벽 타기 선수, 장지뱀은 달리기 선수,
땅게는 굴 파기 선수랍니다.

축은 적도 부근에 있기 때문에 별자리가 우리나라와 조금 달라요. 하지만 여름밤의 대삼각형은 우리나라에서도 관찰할 수 있어요.

저녁을 먹은 뒤 배를 타고 바다로 나갔어. 밤바다는 시원하고 캄캄했어. 밤하늘에 별이 얼마나 많던지 팔을 뻗어 저으면 주먹만 한 별들이 좌르륵 떨어질 것 같았어.

"저기 봐!"

푸름이가 가리키는 손끝을 보니 별들이 반짝이는 밤하늘에 희고 긴 선이 보였어.

"저건 은하수야. 수많은 별들이 모여서 강처럼 보이는 거야!"

정말 멋지지 않니? 하늘을 흐르는 별들의 강이라니. 우리는 목이 아플 때까지 하늘을 쳐다보았단다.

"여름 밤하늘의 대삼각형을 찾아보세요."

박사님의 말씀에 푸름이가 냉큼 가르쳐 줬어.

"저기, 독수리자리의 견우 별과 거문고자리의 직녀 별 그리고 북쪽에 있는 백조자리의 데네브 별 보여? 그 세 별을 이으면 커다란 삼각형이 되는데 그걸 여름밤의 대삼각형이라고 불러."

우리는 전갈자리도 찾아보고 궁수자리도 찾았어. 별을 보고 있는데 문득 엄마 아빠 생각이 났어. 민서 너도 엄청 보고 싶었어. 함께 왔으면 정말 좋았을 텐데. 너도 내가 생각나지?

열대 바다뿐만 아니라 모든 바다에는 연구할 거리가 무궁무진하게 많아요. 우리나라는 삼면이 바다로 둘러싸여 있어 풍부한 해양 자원을 가진 나라예요.

소중한 바다를 지켜 나가는 일은 무척 중요해요.
그러기 위해서는 우리 모두의 정성이 필요하답니다.

시간이 정말 눈 깜짝할 새에 다 지나가 버린 것 같아. 이제 내일이면 한국으로 돌아가는 날이야. 별자리 관찰을 마치고 우리는 마지막으로 체험단 활동을 돌아보는 시간을 가졌단다.

"저는 다 좋았어요. 내년에 또 오고 싶어요."

태양이가 먼저 말했어.

"산호초에서 스노클링을 하며 물고기를 관찰했던 게 제일 좋았어요."

물고기 박사 푸름이다운 말이지? 이제 내 차례야.

"저는 산호가 제일 신기했어요. 나중에 해양 생물을 연구하는 과학자가 되어서 꼭 다시 오고 싶어요."

박사님은 흐뭇한 얼굴로 고개를 끄덕이셨어.

"꿈을 가진 사람은 언젠가는 그 꿈을 이루게 됩니다. 우리 해양 체험단 삼총사도 바다의 무한한 가능성에 도전해 보세요!"

박사님의 말씀에 가슴이 막 뛰었어. 산호가 살고 있는 맑고 깨끗한 바다와 푸른 숲이 우거진 아름다운 축 환초. 길은 울퉁불퉁하고 전기도 잘 들어오지 않지만 밤하늘에 반짝이는 별을 볼 수 있는 곳. 이 아름다운 섬이 잘 보호되기를 마음속으로 빌었어. 그리고 나도 노력해야지!

안녕, 한·남태평양해양연구센터!

안녕, 축!

안녕, 열대 바다!

-축에서 마지막 밤에, 소라가

우리의 미래!

플랑크톤 연구

관상용 물고기 연구

선원이 되어 세계를 누비기

## 산호의 생김새는 참 다양해요

산호는 '폴립'이라는 작은 개체가 모이고 모여서 이루어진 거예요. 우리 눈에 보이는 커다란 산호에는 많은 폴립이 연결되어 있지요. 이 폴립에 붙어 있는 촉수의 개수에 따라 산호는 팔방산호류와 육방산호류로 나뉜답니다. 팔방산호류는 촉수가 여덟 개, 육방산호류는 촉수가 여섯 개 또는 6의 배수로 달려 있어요.

**팔방산호류**

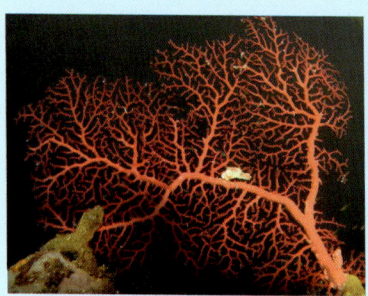

**부채뿔산호** 마치 바닷속에 쫙 뻗은 나뭇가지처럼 보이지요? 이 가지들은 끝으로 갈수록 납작해져요. 부채뿔산호는 어두운 그늘이나 절벽으로 된 곳에 살고 있어요.

**연산호** 맨드라미 꽃을 닮았다 해서 '수지맨드라미'라는 또 다른 이름을 갖고 있어요. 몸이 굵고 말랑말랑해서 쉽게 부러지지 않아요. 물살이 빠른 곳에서 잘 자라지요.

**육방산호류**

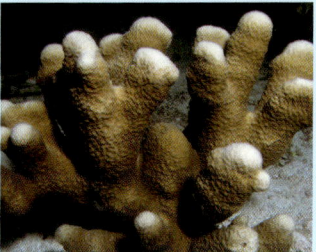

**돌산호** 열대 지방의 산호초는 대부분 돌산호로 이루어져 있어요. 돌산호의 몸속에는 '갈충조류'라는 식물 플랑크톤이 살아요. 갈충조류는 광합성을 해서 돌산호에게 영양분을 주고, 산호는 갈충조류가 살 수 있는 집 역할을 해 줘요. 돌산호는 촉수로 먹이를 잡아먹지만, 갈충조류로부터 얻는 영양분으로 매우 빨리 자라나요. 이들은 서로 돕는 '공생 관계'인 셈이랍니다.

## 산호는 언제부터 지구에서 살았을까요?

산호가 지구에 나타나기 시작한 것은 굉장히 오래전의 일이에요. 과학자들은 산호가 약 4억 5000만 년 전부터 지구에서 살아왔다고 생각하고 있지요.

그렇게 먼 옛날 지구에 살았던 산호는 이제는 멸종되고 없답니다. 하지만 화석의 형태로 남아 있기 때문에 그 모습을 알 수 있는 거지요. 산호는 몸집이 단단한 편이기 때문에 다른 생물에 비해 다양한 화석이 많이 남아 있어요.

## 우리나라에도 산호가 있다고요?

산호는 저 멀리 열대 바다에만 있다고 생각하고 있나요? 온대 기후인 우리나라의 바닷속에도 비록 수는 적지만 산호가 있지요. 그중 대부분이 제주도 남쪽 바다에서 발견돼요. 우리나라는 열다섯 종류의 산호를 '보호대상종'으로 지정해서 특별히 보호하고 있답니다. 우리나라에 사는 산호라니 더 특별해 보이지 않나요?

## 산호초에서 살아가는 건 만만치 않아요!

산호초의 생태계를 이루고 있는 생물들은 오늘도 서로 먹고 먹히며 살아가고 있어요. 그래서 생물들은 저마다 특별한 능력을 계발해 두었답니다.

**눈 크게 뜨고 날 찾아봐!**
어떤 생물들은 주위와 비슷한 색깔을 하고 있어요. 다른 생물의 눈에 잘 안 띄면 잡아먹힐 위험도 줄어들고 자기가 먹이를 잡기도 더 쉬워지기 때문이지요.

**주홍토끼고둥** 몸길이가 1센티미터 정도로 매우 작아요. 하지만 이래 뵈도 육식 동물이랍니다. 주홍토끼고둥은 우리나라 남해에서도 찾아볼 수 있어요.

**곰치** 몸이 좁고 기다랗게 생겼어요. 육식 동물인 곰치는 모든 종류의 물고기를 잘 먹어요. 이빨이 날카롭고 성질이 사납지요.

**돌고기** 주변의 산호초 색깔과 똑같은 색으로 몸을 바꾸곤 해요. 피부에 강한 독이 있고, 입이 커서 덩치 큰 물고기도 한 입에 삼켜요.

**이런 무기 상상해 봤어?**
어떤 생물들은 다양한 무기를 이용해서 다른 생물을 공격해요. 그런 무기들 중 가장 많은 것이 독이 든 침이에요. 심지어 전기를 만들어 내는 생물도 있고요.

**전기가오리** 몸 전체에서 전기를 만들어 내요. 일단 꼬리에 있는 침으로 먹이를 감전시킨 다음 잡아먹지요. 생김새는 거의 원형에 가깝고 납작해요.

**청자고둥** 자그마하고 모양이 예뻐서 장식품으로 사용되기도 해요. 하지만 청자고둥의 독침은 사람까지 기절시킬 수 있을 만큼 강하지요.

**코코넛게** 열대 지방의 게는 사람 손가락도 부러뜨릴 수 있을 정도로 강력한 집게를 가졌어요. 코코넛게는 야자집게라고도 불려요.

## 한·남태평양해양연구센터는 이렇게 생겨났어요

1973년에 한국 과학 기술원 해양 개발 연구소가 생겨났어요. 바다와 관련된 모든 과학 연구를 하기 위해서였지요. 1981년에는 한국해양연구소로 이름을 바꾸었고 2001년에 한국해양연구원이 되었답니다. 미크로네시아에 한·남태평양해양연구센터가 세워진 것은 2000년 5월 30일이에요. 남극의 세종 기지보다는 늦었지만 북극의 다산 기지보다는 먼저랍니다. 한국해양연구원이 이렇게 세계 곳곳에서 열심히 연구하기 때문에 우리나라의 해양 과학이 더욱 발전하고 있지요.

한국해양연구원 www.kordi.re.kr

## 한·남태평양해양연구센터로 편지를 보내 봐요

여러분도 축에 가 보고 싶나요? 실제로 한·남태평양해양연구센터는 해마다 해양 체험단을 뽑고 있답니다. 하지만 아쉽게도 중학생과 고등학생만 신청할 수 있지요. 그 대신 여러분은 한·남태평양해양연구센터에 편지를 보내는 건 어떨까요? 언젠가 해양 체험단이 된 모습을 상상하면서 말이에요.

KSORC (Korea·South Pacific Ocean Research Center)
P.O. Box 1532 Weno, Chuuk FSM 96942
www.ksorc.org

## 코르디움에 가 봐요

한국해양연구원에서는 바다에 호기심을 가진 사람들을 위해 해양 과학 홍보관을 만들었어요. 그곳의 이름은 코르디움(KORDIUM)이지요. 한국해양연구원을 의미하는 KORDI와 박물관을 의미하는 MUSEUM을 합친 것이랍니다.

코르디움에서는 한국해양연구원의 성과를 볼 수 있는 것은 물론이고, 바다와 관련된 다양한 체험을 할 수 있어요. 코르디움에 다녀오면 바다와 한층 가까워진 느낌이 들겠지요? 참, 코르디움을 견학하려면 한국해양연구원 홈페이지에서 미리 신청해야 한다는 사실, 꼭 기억하세요!

장소 | 경기도 안산시 상록구 사2동 1270 한국해양연구원/ 전화 | 031-400-6070~5

## 작가의 말

어린이 여러분, 바다 하면 제일 먼저 뭐가 떠오르나요?

네? 친구들이랑 모래성 쌓기 놀이 한 거요? 찰싹거리며 밀려와 발바닥을 간질이던 파도라고요? 오늘 아침에 엄마가 구워 줬던 맛있는 갈치가 생각난다고요?

맞아요. 여러분이 말한 것들은 모두 바다와 연결된 것들이에요.

우리가 살고 있는 지구에서 바다가 차지하는 면적은 대략 70퍼센트라고 해요. 육지보다 바다가 훨씬 더 넓고 크지요. 우리나라는 삼 면이 바다로 둘러싸인 나라예요. 그래서 조금만 나가면 넓고 시원한 바다를 볼 수 있지요. 우리가 즐겨 먹는 물고기, 김, 미역, 다시마 등은 모두 바다에서 얻는 먹을거리들이죠. 또 여름철에 시원한 바다에서 친구들과 모래성을 쌓으며 놀기도 하고 수영을 하거나 배를 타고 즐기기도 해요.

그뿐인가요? 바닷속에는 우리에게 필요한 엄청난 자원이 묻혀 있으며 또 다양한 생물들이 살고 있기도 해요. 한국해양연구원은 바다를 연구해 우리에게 필요한 여러 가지 자원을 개발하기도 하고 또 소중한 바다를 지키고 보호하기 위한 일들을 하고 있어요.

남태평양 미크로네시아의 한·남태평양해양연구센터는 열대 바다를 연구하는 우리나라의 연구센터예요. 열대 바다는 우리나라의 온대 바다와는 다른 생태 환경을 보여 주는데 그중 가장 대표적인 것이 바로 산호예요. 저는 열대 해양 체험단으로 미크로네시아에 가서 열대 바다를 직접 살펴볼 수 있었어요. 무성한 맹그로브 숲, 아름다운 산호와 물고기들을 보면서 이 지구에 살고 있는 우리 모두가 바다를 잘 보호하고 지켜야 한다는 책임감이 들었어요. 그러려면 무엇보다 바다를 잘 알아야 바다가 품고 있는 자원도 개발할 수 있고, 바다를 보호하고 지킬 수도 있을 거예요.

어린이 여러분, 우리는 대한민국이라는 작은 나라에 살고 있지만 더 넓은 눈으로 바라보면 이 지구 위에 살고 있는 인류의 한 일부이기도 해요. 바다는 나라와 국경을 넘어 인류 모두에게 주어진 자연의 커다란 선물이에요. 우리 모두가 관심과 애정을 가지고 대하면 바다는 그 너른 품을 열어 우리를 안아 줄 거예요. 열대 해양 체험단 삼총사처럼 여러분도 바다와 친구가 되어 보세요. 바다는 자기를 사랑하는 여러 친구들을 언제나 기다리고 있어요.

부산 해운대에서, 한정기

### 사진 저작권

■ 이 책에 실린 사진들은 아래의 저작권자와 협의를 마쳤습니다. 이 사진들은 저작권법에 의해 한국 내에서 보호를 받는 저작물이므로 무단 전재와 무단 복재를 금합니다.

□ **김억수** 연산호, 우리나라 산호, 주홍토끼고둥   □ **박흥식** 부채뿔산호, 돌산호, 산호 화석, 돌고기, 전기가오리, 청자고둥, 코코넛게   □ **정준영** 곰치
□ **한국해양연구원** 한국해양연구원, 코르디움